Preciso de um

# psicodiagnóstico.

E agora?

Artesã

Preciso de um psicodiagnóstico. E agora?
1ª edição - 1ª Reimpressão 2018



COORDENAÇÃO EDITORIAL
Karol Oliveira

DIREÇÃO DE ARTE
Tiago Rabello

PROJETO GRÁFICO E DIAGRAMAÇÃO
Casa de Ideias

**Dados Internacionais de Catalogação na Publicação (CIP)**
**Angélica Ilacqua CRB-8/7057**

Wainstein, Eriane Zingano
Preciso de um psicodiagnóstico: e agora? / Eriane Zingano Wainstein, Denise Ruschel Bandeira. — Belo Horizonte : Ed. Artesã, 2018.
ISBN 978-85-88009-94-3

1. Psicologia 2. Diagnóstico 3. Crianças 4. Pais I. Título II. Bandeira, Denise Ruschel

13-0078 CDD 616.89075

Índices para catálogo sistemático:

1. Psicodiagnóstico

**Angélica Ilacqua CRB-8/7057**

IMPRESSO NO BRASIL
*Printed in Brazil*

ARTESÃ EDITORA LTDA.
Site: www.artesaeditora.com.br
E-mail: contato@artesaeditora.com.br
Belo Horizonte/MG

# AGRADECIMENTOS

Agradecemos a participação dos profissionais da área da saúde e educação que compartilharam conosco suas experiências no processo psicodiagnóstico, enriquecendo nossa obra.

Dr. Nazur Vasconcelos (Psiquiatra e Psicanalista)
Dra. Newra Rotta (Neuropediatra)
Dra. Lygia Ohlweiler (Neuropediatra)
Dra. Sônia Moojen (Psicopedagoga e Fonoaudióloga)
Dra. Rosângela Santos (Fonoaudióloga)
Dra. Fátima Balbela (Psicopedagoga e Psicomotricista)
Dra. Lisie Trieguer (Psicóloga)
Dora Roncatto (Orientadora Educacional)
Márcia Schvitz (Orientadora Educacional)

*À Heloisa Kaefer*: pela inspiração...
*Aos meus pais Erivan e Tereza*: pelo investimento emocional e incondicional...
*Ao meu marido Sandro*: pelo amor e incentivo profissional sempre...
*Aos meus filhos Arthur e Amanda*: meus maiores presentes, pelo aprendizado diário...
*À minha colega Denise*: pela maravilhosa parceria e horas divertidas que passamos na confecção deste livro...
*Aos meus pacientinhos e suas famílias*: por me ensinarem, através da prática, sobre o desenvolvimento infantil e suas vicissitudes... E por me fazerem entender muito além do que os testes revelam... Meus sinceros agradecimentos...

Este livro é para todos vocês...
**Eriane**

Após tanto escrever textos científicos, foi um desafio aceitar o convite da Eriane, minha coautora, para escrever este livro! Depois de um longo e divertido convívio, o desafio de escrever algo para pais e, em especial, crianças, transformou-se em uma realização pessoal! Agradeço, então, à Eriane, pela parceria, ao meu marido Fernando, pelo incentivo, e aos meus filhos, Leonardo, pela leitura cuidadosa e suas apropriadas sugestões, e Henrique, pelo apoio. Foram eles que muito me ensinaram como lidar com crianças!

**Denise**

# PREFÁCIO

Psicodiagnóstico é uma ferramenta essencial para o profissional da saúde mental. Através de seus resultados, obtém-se uma predição mais acurada dos potenciais da criança ou adolescente, bem como uma visibilidade mais criteriosa dos aspectos frágeis. Esses resultados auxiliarão o professor em sala de aula, o terapeuta em seu trabalho de reforço aos pontos fortes e ajuda aos pontos fracos e o médico como um "exame complementar" essencial para montar o "quebra-cabeça" do diagnóstico.

O desenvolvimento neuropsíquico é individual e é resultado da interação da rede neural construída a partir da genética dos progenitores e os estímulos advindos do meio ambiente;  há uma construção constante e progressiva, na qual o sistema nervoso  evolui como sistema adaptativo complexo. A cito arquitetura neural auto-organiza-se através de inibições ou facilitações ao longo de toda uma vida. Somos sujeitos neotênicos; o processo consiliente dessa intensa rede de bilhões de neurônios, com trilhões de conexões, deixa emergir funções cognitivas que são "amarradas/ligadas" pelas emoções. O psicodiagnóstico tem como objetivo principal tangenciar funções que emergem dessa rede neural.

Este livro tem encanto.

Atingirá o público-alvo de forma simples, clara e objetiva. O leitor infantojuvenil será conduzido pelas imagens expressivas, e o texto orientará, esclarecerá e tranquilizará. O cuidador sentir-se-á parte desse momento, e com isso transmitirá conhecimento e parceria a seu rebento, e entenderá nos resultados as questões conflitivas presentes na sua relação diádica.

**Maria Sonia Goergen**

Médica pela UPF-RS, Brasil (1977); especialização em Neuropediatria no HEPAC, Churchil Hospital, Oxford, England (1980); membro da Academia Brasileira de Neurologia (desde 1992); sócia fundadora da International Society of Neuro-Psychoanalysis (ISNP) (desde 2000); coordenadora do Capítulo Sul Brasileiro da ISNP (desde 2000); fellowship on P.L.A.Y (Play and Language for Autistic Youngsters) Project (desde 2010); Regional Bulletin Editor do *Neuropsychoanalysis Journal* (desde 11/2012).

# NOTA PARA PAIS E RESPONSÁVEIS

Levar um filho para uma avaliação psicológica é uma decisão séria e às vezes muito difícil. Essa ação engloba inúmeros sentimentos e fantasias que podem interferir nessa busca. Por esse motivo este livro foi criado! Com ele esperamos esclarecer, afinal de contas, o que é esse tal de psicodiagnóstico e por que ele está sendo indicado para seu filho neste momento.

O processo psicodiagnóstico tem como premissa básica a utilização de técnicas e testes psicológicos como método de avaliação dos pacientes. É uma forma de avaliação psicológica que tem por objetivo entender o indivíduo na sua totalidade, detectando suas potencialidades e dificuldades, assim como levantar hipóteses sobre conflitos emocionais, defasagens funcionais de ordem neuromaturativa, cognitiva e/ou base biológica.

Neste livro vocês irão entender o que é um psicodiagnóstico passo a passo, desde o momento do encaminhamento até a devolução dos resultados. A leitura deste livro, realizada juntamente com a criança, objetiva prepará-la para o encontro que terá com o psicólogo e esclarecer o que realmente irá acontecer quando ela estiver com ele. Além disso, a ideia é que por meio desse momento se crie um espaço onde esse assunto possa ser trabalhado entre vocês, preparando melhor seu filho para engajar-se e sentir-se mais seguro nessa avaliação.

É importante que, antes de iniciar a leitura, vocês possam perguntar a seu filho se ele sabe o que é um psicodiagnóstico, o que é um psicólogo, o que um psicólogo faz e, posteriormente, dizer para ele por que ele está sendo levado para uma avaliação psicológica (por exemplo, comportamento de roer unhas, brigas, dificuldades na escola ou até mesmo porque vocês gostariam de saber como ele está se desenvolvendo cognitivo-emocionalmente). Posteriormente, vocês podem ler ou mostrar o livro para esclarecer e explicar os passos dessa avaliação.

Esperamos que este material possa ajudá-los nessa busca e assegurá-los na decisão que estão tomando. Porque, afinal de contas, o psicodiagnóstico não é um bicho de sete cabeças!

# NOTA PARA PROFISSIONAIS DA ÁREA DA SAÚDE E EDUCAÇÃO

A prática do psicodiagnóstico é uma das funções exclusivas do psicólogo, pois pressupõe a utilização de testes e técnicas exclusivas dessa categoria. Ele nos possibilita identificar e levantar hipóteses a respeito do funcionamento cognitivo, emocional e motor da criança, bem como traçar planos e estratégias de intervenção caso seja necessário. É possível, por meio desses exames, compreender quais fatores predominantes estão provocando as dificuldades, possibilitando, dessa forma, orientar e nortear o trabalho dos profissionais que irão tratar a criança.

Encaminhar um paciente ou aluno para um psicodiagnóstico muitas vezes não é uma tarefa fácil – a começar pela definição do processo. Como explicar para os pais e para as crianças o que é um processo psicodiagnóstico? Sabe-se que a forma como se encaminha um paciente ou aluno para uma avaliação, seja ela qual for, é determinante no entendimento por parte da família.

Um encaminhamento bem fundamentado e coerente garante o engajamento dos pais nesse processo, pois auxilia e assegura a decisão que estão tomando. Foi com esse objetivo que este livro foi criado: poder auxiliar o encaminhamento de seu aluno ou paciente, bem como esclarecer para a família por que o psicodiagnóstico está sendo considerado neste momento.

Em uma recente pesquisa realizada pelas autoras a respeito das formas de encaminhamento para o psicodiagnóstico, observou-se que analogias com modelos médicos (raio X, exames) ou material gráfico vêm sendo utilizadas com frequência no momento em que os profissionais necessitam explicar o que é um psicodiagnóstico.

Neste livro, vocês irão encontrar como é feito esse tipo de avaliação psicológica, passo a passo, desde o momento do encaminhamento (no qual vocês são peças fundamentais!) até seu encerramento com a devolução dos resultados. A ideia é que esse material possa ser utilizado no momento em que é realizado o encaminhamento, visando esclarecer o que é o psicodiagnóstico.

Preciso
de um
psicodiagnóstico!
O que
é isso?

É uma prova?
É um exame médico?
O que vou ter de fazer lá?
Quem faz esse tipo
de avaliação?

O psicodiagnóstico é uma avaliação que procura identificar o que as crianças têm de potencialidades (forças) e dificuldades (fraquezas).

É como montar um quebra-cabeça! A partir de diferentes tarefas, técnicas e informações, o psicólogo terá um resultado de como a criança está.

Quem faz esse tipo de avaliação é um psicólogo.
Ele é um profissional que trabalha com pessoas. Na verdade, com o que acontece dentro da cabeça delas.
Ele busca entender como elas pensam e o que sentem.
ESSE PROFISSIONAL PODE SER UM PSICÓLOGO OU UMA PSICÓLOGA.

**Algumas pessoas chamam essa avaliação de psicodiagnóstico, diagnóstico psicológico, testagem psicológica, avaliação psicológica...**

**Mas quer saber a verdade?**

Quem costuma pedir esse tipo de avaliação?
A psicóloga
A escola
O psiquiatra

Normalmente
são pessoas que
o conhecem, estão
preocupadas com você
ou interessadas em
saber o que está
acontecendo.

Podem ser,
por exemplo:

A fonoaudióloga

O neuro

Seus pais

A psicopedagoga

# Afinal, por que eu preciso fazer uma avaliação desse tipo?

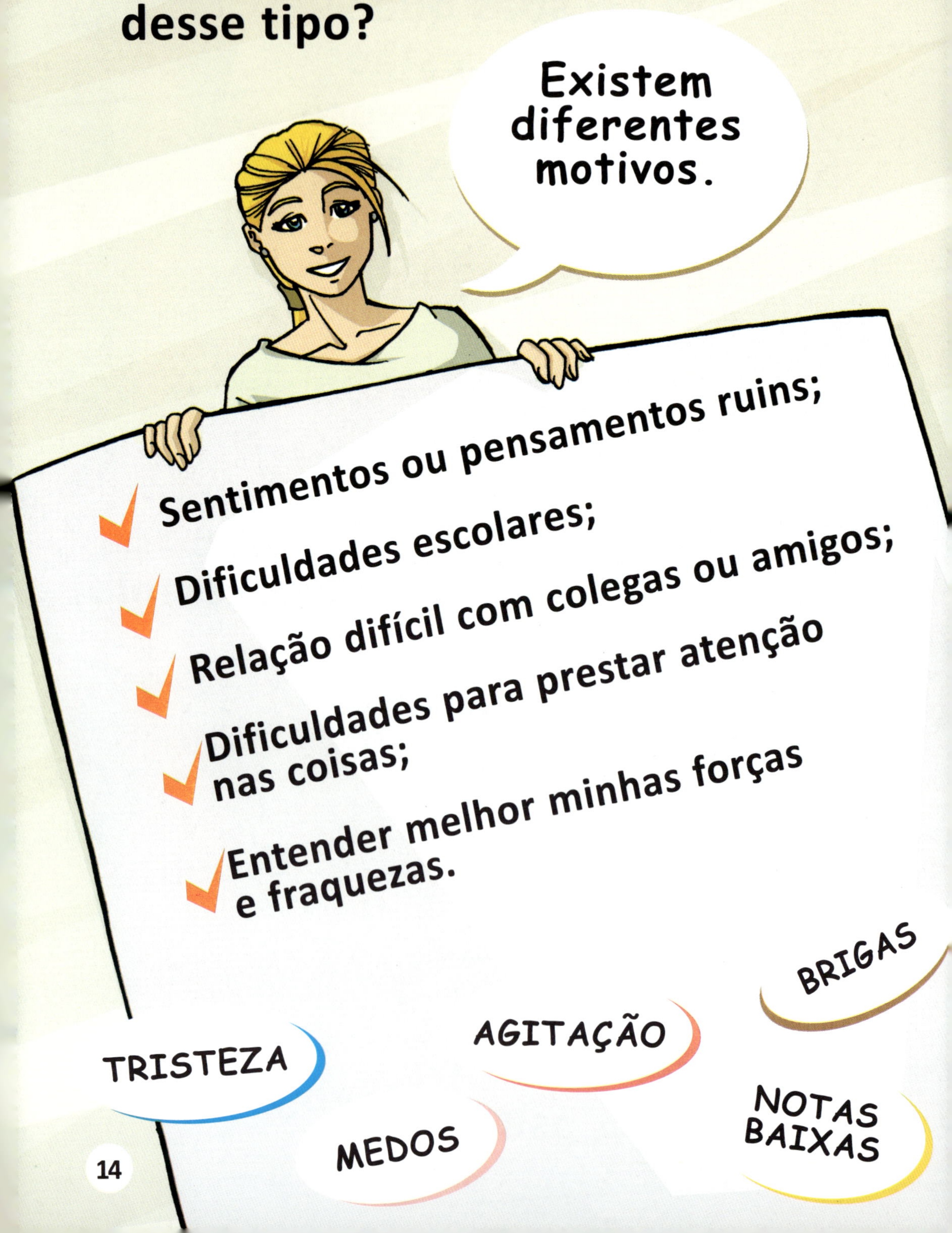

O primeiro passo dessa avaliação é quando seus pais ou as pessoas responsáveis ligam para o psicólogo e marcam uma primeira conversa.

**Nesse primeiro encontro, eles irão até o consultório do psicólogo para contar um pouco sobre você, dando as primeiras peças do quebra-cabeça...**

**Como você era quando bebê...**

Quando entrou na escola...
Como é sua família...
Coisas que você gosta e não gosta...

Como parte desse trabalho, a psicóloga poderá ligar para quem solicitou a avaliação.

Essa ligação tem como objetivo verificar as preocupações e dúvidas sobre você.

**Chegou, então, a sua vez de conhecer a psicóloga.**

Vocês irão se encontrar algumas vezes, e nesses encontros irão realizar várias atividades, como:

Desenhar

Resolver algumas questões

E até brincar!

Isso mesmo! Brincar e jogar são formas do psicólogo conhecer as crianças. Além disso, você poderá conversar sobre tudo que quiser!

Uma das coisas mais importantes nessa relação é o que chamamos de sigilo. Ou seja: tudo o que você contar para psicóloga vai ficar entre vocês, como se fosse um segredo.

Com essas atividades, o psicólogo poderá conhecer e entender você melhor.

Por vezes, ele também poderá conversar com pessoas que o conhecem há mais tempo, como seu médico, avós, professora, ou outras pessoas que costumam cuidar de você.

Cada informação que o psicólogo conseguir representa uma peça do quebra-cabeça: no final, todas as peças juntas formam uma imagem de você.

E, quando tudo isso terminar, o psicólogo irá conversar sobre os resultados do psicodiagnóstico.
Essa conversa será realizada tanto com você...

... quanto com
seus pais.

**Além da conversa, os dados serão transformados em um documento que se chama laudo psicológico!**

# PRONTO!

**O quebra-cabeça está montado!**

Nesse laudo, o psicólogo escreverá dados sobre você, sobre os resultados das tarefas e técnicas realizadas no consultório, bem como sobre o que pode ser feito para ajudar você e seus pais.

Esse laudo será entregue aos seus pais e a quem solicitou a avaliação, a fonte encaminhadora.

**Então, como você pôde ver, não há nada para se preocupar com essa avaliação!**

**Pelo contrário, é algo para ajudar você.**

E agora?
O que vai acontecer?

**Agora, com esse laudo, o profissional que encaminhou você para essa avaliação vai poder escolher a melhor forma de ajudá-lo.**

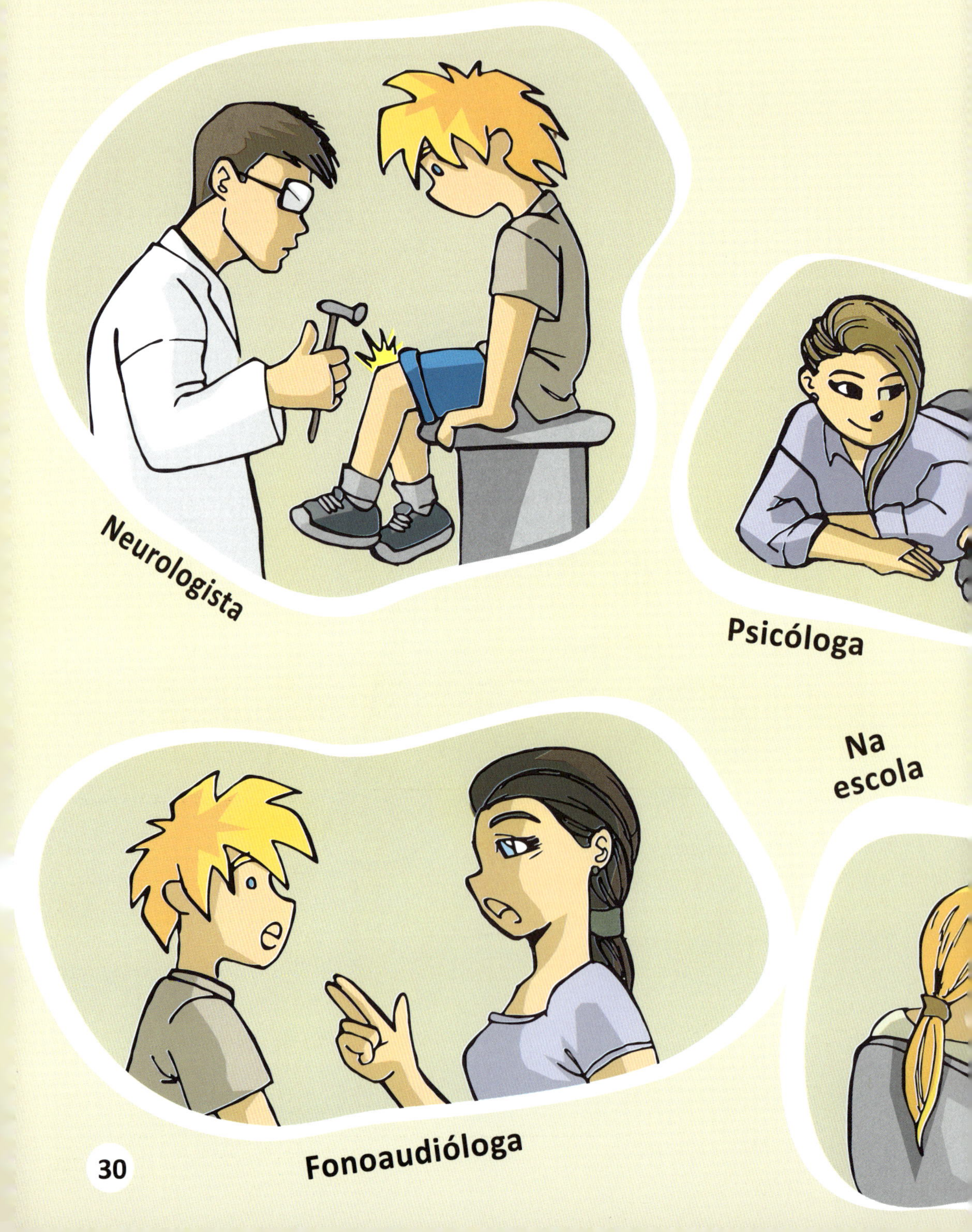

Psiquiatra

Psicopedagoga

**Tomara que agora esteja mais claro o que é um psicodiagnóstico. Boa sorte!**

**Eriane Zingano Wainstein** é psicóloga, especialista em Psicoterapia da Infância e Adolescência e Orientação Parental, Avaliação Psicológica (UFRGS) e supervisora do Neuroplaybrasil com certificação internacional pelo PLAY PROJECT (P.L.A.Y - Play and Language for Autistic Youngers) - AA-Michigan- USA. Teve experiência como psicóloga e supervisora local de estágio em psicologia escolar (escola de educação infantil), professora e supervisora de pós graduação em psicodiagnóstico do ICPT (Instituto Contemporâneo de Psicanálise e Transdisciplinaridade) em Porto Alegre/RS. Atualmente se dedica á prática de avaliação psicológica, psicoterapia da infância, adolescência e orientação parental e é supervisora do Neurplaybrasil (método de capacitação para pais com crianças com transtornos do neurodesenvolvimento).

**Denise Ruschel Bandeira** é psicóloga, doutora em psicologia pela UFRGS e especialista em Diagnóstico Psicológico pela PUCRS. É professora dos cursos de graduação e pós-graduação em psicologia da UFRGS, coordenou o curso de especialização em Avaliação Psicológica e é atual coordenadora do Centro de Avaliação Psicológica da UFRGS, local dedicado a realizar psicodiagnósticos. Teve experiência com atendimento de crianças e como psicóloga em escolas infantis.